Haran
ZWEISTROM-
LAND
Babylon

KIDOH

MICHAEL LANDGRAF

Kinderbibel für Erstleser

Illustriert von Susanne Göhlich

KIDOH

Geschichten vom Leben

Die Welt ist groß und bunt.
Vieles gibt es zu entdecken.
Das Leben kann sehr schön sein,
aber auch sehr schrecklich.

Schon immer haben Menschen gefragt:
Woher kommt das alles?
Warum ist es so, wie es ist?

Vor langer Zeit haben Menschen in Israel
Geschichten von Gott erzählt.
Sie suchten darin Antwort auf ihre Fragen.
Diese Geschichten sind lebendig und stark.
Sie sind in der Bibel gesammelt.
Die ersten Geschichten der Bibel
findest du auf den nächsten Seiten.

Lies selbst ...

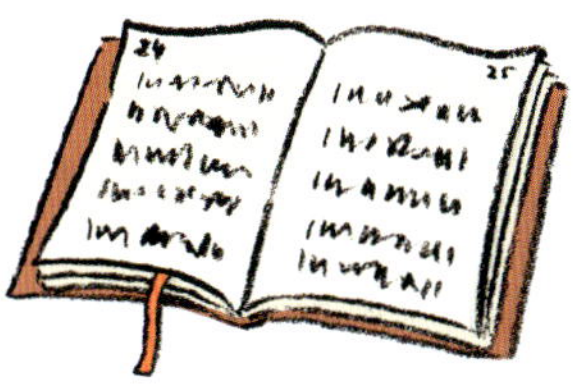

Die Schöpfung

Menschen erzählen: Gott macht die Welt

Gott ist von Anfang an da.
Er macht Himmel und Erde,
Licht und Dunkelheit, Wasser und Land.

Dann lässt er Pflanzen wachsen,
mächtige Bäume und zarte Blumen.

Sonne, Mond und Sterne
setzt er an den Himmel.

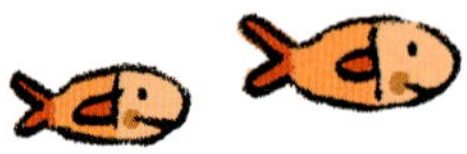

Bald gibt es Fische im Wasser,
Vögel in der Luft
und Tiere auf dem Land.

Dann macht Gott die Menschen:
Mann und Frau.
Sie sollen wie er sein und
auf alles aufpassen können.

Am Ende ruht Gott.
So macht er den Ruhetag.

1 Mose / Genesis 1–2

* **Sieh nach im Schwere-Wörter-Verzeichnis.**
° **Sieh nach auf den Karten auf den Innenseiten des Buches.**

Menschen danken Gott mit einem Lied

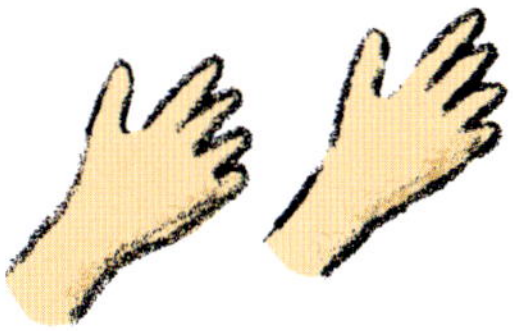

Gott, ich will dich preisen!*
Du bist so groß,
dass ich dich nicht fassen kann!

So viel Wunderbares
hast du gemacht!
Die ganze Welt hast du weise* geordnet.
Deine Geschöpfe* brauchen
sich nicht zu sorgen.
Du sorgst für sie.

Ich will dir Lieder singen
mein Leben lang.
Ich will dich preisen,
solange ich lebe.
Halleluja!*

Psalm 104

Das Paradies

Menschen erzählen: Wir leben nicht mehr im Paradies

Am Anfang leben Mann und Frau
in einem Garten, dem Paradies.

Die Bäume dort tragen Früchte.
Die Menschen essen davon.
Ein Baum hat besondere Früchte.
Wer sie isst, kann Gutes und
Schlechtes unterscheiden.
„Esst diese Früchte nicht!“,
hören sie die Stimme Gottes.

Eine Schlange sagt zur Frau:
„Iss ruhig davon!
Das sagt Gott nur,
damit ihr nicht klug werdet.“

Aber die Menschen sind neugierig.
So essen sie eine Frucht.

Plötzlich sehen die Menschen
die Welt wie mit neuen Augen.
Sie schämen sich
und verstecken sich vor Gott.

Für ihr Essen müssen sie
nun selber sorgen.
Sie müssen sich Kleider machen.
Sie kennen Leid und Schmerzen.
Nun ist ihr Leben hart.

Die Menschen leben nicht mehr im Paradies.
Aber Gott ist immer noch bei ihnen.

1 Mose / Genesis 1–2

Kain und Abel

Menschen erzählen: Gott schützt auch den Übeltäter*

Die ersten Menschen haben zwei Söhne,
Kain und Abel.

Wie ihre Eltern müssen sie arbeiten.
Kain ist Bauer und pflügt das Land.
Abel ist Hirte und hütet Schafe und Ziegen.

Beide wollen sich bei Gott bedanken.
Kain opfert* Korn von seinem Feld.
Abel opfert ein Lamm.

Doch nur der Rauch von Abels Opfer*
steigt in den Himmel.
„Nimmt Gott mein Opfer nicht an?“,
fragt Kain. Zornig sieht er zu Boden.

Eine Stimme sagt zu Kain:
„Beherrsche deine Wut!
Sieh auf."
Aber Kain hört nicht.

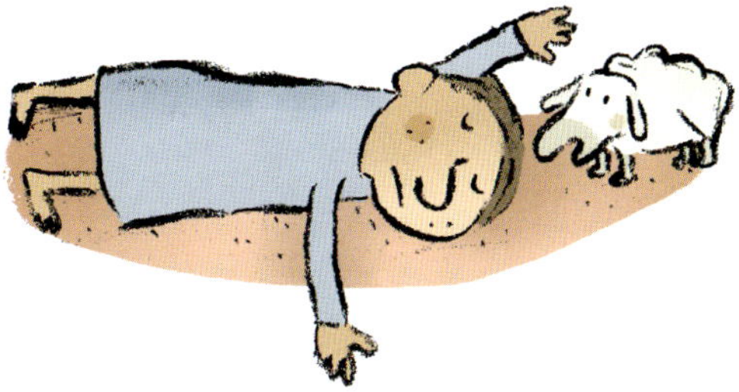

Kain geht auf seinen Bruder los.
Er schlägt ihn, bis er tot auf der Erde liegt.
Dann vergräbt er ihn.

Bald hört Kain wieder diese Stimme:
„Kain, wo ist dein Bruder?"
„Woher soll ich das wissen!", sagt Kain.
„Was hast du getan?", fragt die Stimme.

Da wird Kain klar, was er getan hat.
Er weiß: Das ist die Stimme Gottes.
„Du kannst hier nicht bleiben", hört er.
Voller Angst antwortet Kain:
„Was soll nur aus mir werden?"

Da sagt die Stimme:
„Ich werde dich beschützen."

1 Mose / Genesis 1–2

Die Sintflut

Menschen erzählen: Für Gott geht das Leben weiter

Bald gibt es viele Menschen.
Sie tun sich Unrecht an.
Nur Noah ist anders.

Da hört er eine Stimme: „Noah,
eine große Flut wird kommen.
Baue eine Arche,* einen großen Kasten.
Der soll auf dem Wasser schwimmen.
Deine Familie soll darin überleben
und von jedem Tier ein Paar.

Noah spürt: Das ist Gottes Stimme.
Gott meint es gut mit ihm.

So baut Noah die Arche
und holt Mensch und Tier an Bord.

Dann regnet es vierzig Tage lang.
Überall ist nur noch Wasser.
Die Arche aber schwimmt auf dem Wasser.

Endlich hört der Regen auf.
Noah lässt Raben und Tauben fliegen.
Bald können Mensch und Tier von Bord.
Eine Taube kommt mit
einem Zweig zurück.
Alle wissen: Dort muss Land sein.

„Gott sei Dank!", sagen alle.
Ein Regenbogen steht am Himmel.
Für Noah ist er ein Zeichen.
Mit diesem Regenbogen verspricht Gott:
Die Erde wird sich weiter drehen.
Und das Leben wird weitergehen.

1 Mose / Genesis 6 – 8

Der Turmbau zu Babel

Menschen erzählen: Gott macht viele Sprachen

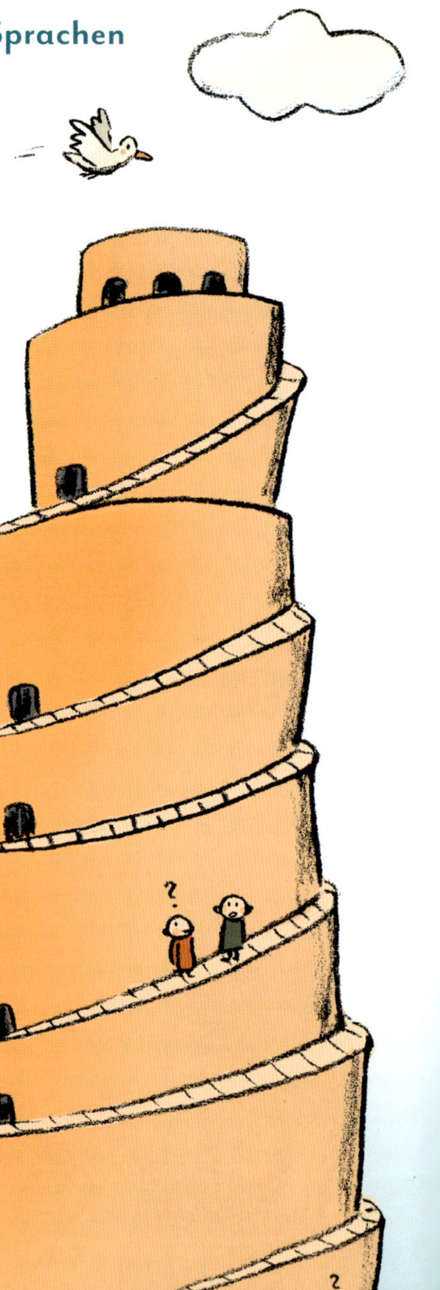

„Lasst uns eine große Stadt bauen“,
sagen die Menschen.
„Sie soll Babel heißen.“
In ihrer Mitte soll ein Turm stehen.
Mit dem wollen sie bis zu Gott hinauf.
Sie wollen die Größten sein.

Da gibt Gott
den Menschen viele Sprachen.
Sie sind verwirrt.
Keiner versteht mehr den anderen.
So können sie den Turm
nicht bis zum Himmel bauen.

Sie trennen sich und gehen
in alle Himmelsrichtungen.

1 Mose / Genesis 11

Geschichten vom Gottesvolk

Es war vor langer Zeit
im alten Königreich Israel.

Die Menschen überlegen:
Wie ist alles so gekommen?
Wie sind wir ein großes Volk geworden?

„Unsere Ur-ur-ur-großeltern waren Nomaden“,*
erzählen sie sich. „Gott hat sie begleitet
und geführt. Er hatte einen Plan für sie …“
Sie erzählen von Abraham, Josef und Mose
und von den ersten Königen Israels.
In der Bibel sind ihre Geschichten gesammelt.
Und die wichtigsten findest du hier.

Lies selbst …

Abraham und Sara

Die Israeliten erzählen: Gott hält sein Versprechen

Abraham und Sara leben in Haran.°
Dort geht es ihnen gut.
Da hört Abraham eine Stimme:
„Ich führe euch in ein fernes Land.
Es wird einmal euch gehören.
Viele Kinder werdet ihr dort haben.
Ich gebe euch meinen Segen.*
Ihr gebt ihn dann weiter."

Abraham erzählt es Sara und sagt:
„Ich glaube, Gott meint es gut mit uns."
So machen sie sich auf den Weg.

Nach langer Zeit kommen sie nach Kanaan.°
Es gefällt ihnen gut. Doch sie sind traurig.
Sie sind schon alt und haben keine Kinder.
Abraham hört wieder Gottes Stimme:
„Kannst du die Sterne zählen?
So zahlreich werden eure Kinder sein."

Drei Männer kommen zu Abraham und Sara.
Sara macht im Zelt das Essen.
Die drei Männer sagen zu Abraham:
„Ihr werdet ein Kind bekommen."
Sara hört heimlich zu und lacht:
„Dafür bin ich doch zu alt."

„Für Gott ist alles möglich", sagen die Männer.
Da weiß Abraham: Das sind Engel.*

Ein Jahr später hat Sara einen Sohn.
Sein Name ist Isaak.
Nun sind Abraham und Sara froh.
Sie wissen: Gott hält sein Versprechen.

1 Mose / Genesis 12 – 21

Jakob und Esau

Die Israeliten erzählen: Gott macht krumme Wege gerade

Isaak und Rebekka haben zwei Söhne.
Esau ist wild und liebt die Jagd.
Jakob ist lieber bei seiner Mutter.
Esau ist der Erstgeborene.*
Er wird einmal alles erben.*
Jakob wäre gern an Esaus Stelle.

Eines Tages kommt Esau hungrig heim.
Jakob hat gekocht und sagt listig:
„Ich gebe dir das Essen,
wenn ich der Erstgeborene* sein darf.
„Ist gut“, sagt Esau und isst.

Isaak ist alt und denkt an seinen Tod.
Er ruft nach Esau und sagt:
„Geh jagen und mach uns ein Festessen.
Dann bekommst du meinen Segen.“*

Rebekka aber will,
dass Jakob der Erbe* ist.

Schnell macht sie das Essen.
Zu Jakob sagt sie: „Isaak sieht schlecht.
Du kannst ihn täuschen.
Dein Bruder hat mehr Haare als du.
Zieh dir deshalb ein Fell an."

Jakob bringt Isaak das Essen.
„Bist du es, Esau?", fragt Isaak.
„Ja", sagt Jakob.
Isaak greift nach ihm und fühlt das Fell.
Dann gibt er Jakob den Segen.*
Nun ist Jakob der Erbe.*

Esau kommt und erfährt von dem Betrug.
„Segne auch mich", ruft er verzweifelt.
Aber Isaak sagt: „Nur einer ist mein Erbe."
Wütend sucht Esau nach seinem Bruder.

Rebekka schickt Jakob nach Haran.°
Viele Jahre lebt er dort bei seinem Onkel.
Doch dann möchte Jakob nach Hause.

Ein Wunder geschieht:
Sein Bruder Esau kommt ihm entgegen
und reicht ihm die Hand.

1 Mose / Genesis 25 – 33

Josef und seine Brüder

Die Israeliten erzählen: Gott begleitet durch Höhen und Tiefen

Jakob hat zwölf Söhne.
Josef ist sein Liebling.
Nur ihm schenkt er ein buntes Gewand.
Das macht Josefs Brüder neidisch.

Dann erzählt Josef von einem Traum:
„Ich sah Sonne, Mond und elf Sterne.
Sie haben sich vor mir verbeugt."
Da ist sogar der Vater zornig:
„Sollen wir etwa deine Diener sein?"

Tage später sind die Brüder auf der Weide.
Josef kommt dazu.
Die Brüder packen ihn.
Dann werfen sie ihn in ein tiefes Loch.

Händler kommen mit ihren Kamelen.
Sie kaufen Josef als Sklaven*
und bringen ihn nach Ägypten.°
Zu ihrem Vater sagen die Brüder:
„Ein wildes Tier hat Josef gefressen.
Hier ist sein Gewand."
Es ist voller Blut eines Tieres.
Laut weint Jakob um seinen Sohn.

In Ägypten wird Josef verkauft.
Sein neuer Herr heißt Potifar.
Josef macht alles richtig.
Potifar vertraut Josef
und macht ihn zum Verwalter.*

Auch Potifars Frau mag Josef.
„Lege dich zu mir“,
sagt sie zu ihm und hält ihn fest.
Josef läuft weg.
Doch die Frau hat sein Gewand.

Die Frau hat Angst, dass Josef sie verrät.
Sie schreit: „Hilfe! Josef will sich zu mir legen.“
Potifar sieht das Gewand
und bringt Josef ins Gefängnis.

Im Gefängnis sind auch der Bäcker
und der Mundschenk* des Pharao.*
Jeder hat einen Traum.
Josef spürt: Gott hilft mir,
Träume zu verstehen.
Dem Mundschenk darf Josef sagen:
„Du wirst frei sein.“
Dem Bäcker muss er sagen:
„Du wirst sterben.“
So geschieht es auch.

Jahre später hat der Pharao Träume.
Er sieht sieben magere Kühe.
Die fressen sieben fette Kühe.
Er sieht sieben dürre Ähren.
Die fressen sieben reife Ähren.
Keiner weiß, was das bedeutet.

Der Mundschenk denkt an Josef.
Er sagt: „Im Gefängnis sitzt Josef.
Der kennt sich mit Träumen aus."

Der Pharao lässt Josef zu sich bringen.
Josef hört von den Träumen und sagt:
„Diese Träume kommen von Gott.
Sei froh: Sie retten dein Land.
Nach sieben guten Jahren
kommen sieben Jahre mit schlechter Ernte.
Sammle Vorräte für die Not."

Der Pharao freut sich und sagt:
„Sei du mein Verwalter.*
Sammle alles, was wir
für die Not brauchen."
So geschieht es.

Nach sieben Jahren kommt der Hunger.
Auch Josefs Familie in Israel leidet Not.
Jakob sagt seinen Söhnen:
„Geht nach Ägypten.°
Dort gibt es noch Essen."
Nur Benjamin bleibt bei ihm.
Benjamin ist nun sein Lieblingssohn.

In Ägypten gehen die Brüder zum Verwalter.*

Tief verbeugen sie sich.

So erkennen sie Josef nicht.

Josef aber erkennt seine Brüder.

Er macht ihnen Angst und ruft:

„Ihr seid Feinde

und wollt uns überfallen."

Da zittern die Brüder vor ihm.

Josef stellt ihnen viele Fragen.

Er befiehlt: „Wenn ihr wiederkommt,

müsst ihr Benjamin mitbringen."

Dann erst dürfen sie Korn kaufen

und nach Hause gehen.

Bald ist alles aufgegessen.
Die Brüder müssen wieder nach Ägypten.
Aber diesmal soll Benjamin mit.
„Nur das nicht!“, ruft Jakob.
Da versprechen die Brüder:
„Wir passen gut auf Benjamin auf.“

Die Brüder müssen wieder zu Josef.
Der denkt sich eine List aus.
Er gibt ihnen Säcke voller Korn.
In Benjamins Sack legt er
einen silbernen Becher.

Auf dem Heimweg kommen Soldaten.
Sie finden den Becher bei Benjamin.

Die Soldaten bringen die Brüder zu Josef.
„Der Dieb soll mein Diener sein“, ruft Josef.
Die Brüder jammern:
„Unser Vater hat schon Josef verloren.
Er wird vor Kummer sterben,
wenn Benjamin nicht wiederkommt.“

Josef hält es nicht mehr aus.
„Seht mich an! Ich bin Josef!“
Die Brüder fallen sich in die Arme
und weinen vor Glück.

Josef holt seine Familie nach Ägypten.
Der Pharao gibt ihnen gutes Land.

Am Ende sagt Josef:
„Gott hat aus dem Schlechten etwas Gutes gemacht.
In der Hungersnot hat er unsere Familie gerettet.
Gott sei Dank!“

1 Mose / Genesis 37 – 50

Mose und der Auszug aus Ägypten

Die Israeliten erzählen, wie Gott sein Volk befreit

Die Israeliten leben lange in Ägypten.°
Ein neuer Pharao* herrscht über das Land.
Er weiß nichts mehr von Josef.
Er sieht die Fremden im Land und sagt:
„Macht sie zu Sklaven!*
Ziegel aus Lehm sollen sie machen
und eine Stadt für uns bauen.“

Dann sagt er: „Aber es sind zu viele.
Tötet die neu geborenen Jungen.
Sonst kämpfen sie bald gegen uns.“

Eine Frau aber versteckt ihren Sohn
in einem Korb.
Zu ihrer Tochter Mirjam sagt sie:
„Gehe mit dem Jungen zum Fluss.
Verstecke ihn dort und bleibe bei ihm.“

Mirjam legt den Korb ins Wasser.
Da kommt die Tochter des Pharao.
Sie sieht den Korb und
lässt ihm aus dem Wasser holen.

Im Korb weint das Kind vor Hunger.
Da kommt Mirjam herbei und sagt:
„Ich kenne eine Amme.*
Soll ich das Kind zu ihr bringen?“

Erleichtert sagt die Tochter des Pharao:
„Solange der Junge Milch braucht,
soll er bei der Amme bleiben.
Später wird er mein Sohn sein.
Er soll Mose heißen.“

Mose wächst im Palast auf.
Doch er sieht die Not der Israeliten.

Einmal erlebt Mose, wie ein Aufseher
einen Israeliten schlägt.
Da greift Mose ein und tötet den Ägypter.

Nun hat Mose Angst um sein Leben.
So flieht er in das Land Midian.°

An einem Brunnen macht er Rast.
Mädchen geben ihren Tieren Wasser.
Da kommen wilde Hirten und rufen:
„Geht weg! Wir sind dran!“
Mose vertreibt die Hirten und
hilft den Mädchen mit den Tieren.

Die Mädchen laufen zu ihrem Vater.
„Ein Mann hat uns am Brunnen geholfen.“

Der Vater lädt Mose ein.
Mose findet Zuflucht bei der Familie.
Später heiratet er das älteste Mädchen,
Zippora.

Die Israeliten erzählen: Mose begegnet Gott

Mose geht zum Berg Sinai.
Dort soll er Schafe hüten.
Er sieht einen Dornbusch.
Der brennt, doch er verbrennt nicht.
Mose schaut sich das genauer an.

Da hört er eine Stimme.
„Ich bin bei dir! Das ist mein Name.
Ich bin der Gott Israels
und sehe die Not meines Volkes.
Gehe zum Pharao!*
Sage ihm: Lass die Israeliten frei!"

Mose hat Angst und sagt:
„Ich weiß nicht, ob ich das schaffe!"
Aber Gott macht ihm Mut und verspricht:
„Dein Bruder Aaron wird dir helfen."

Da geht Mose nach Ägypten.
Unterwegs trifft er seinen Bruder.
Sie gehen zum Pharao und sagen:
„Gott befiehlt: Lass die Israeliten frei!"
Aber der Pharao hat ein hartes Herz.
Er sagt: „Die Sklaven* bleiben hier!"

Da kommen Plagen* über das Land.
Das Wasser ist verseucht.
Es kommen Ungeziefer und Frösche,
Unwetter und Krankheiten.
Sogar die Erstgeborenen* sterben.
Den Israeliten aber geschieht nichts.
Sie sagen: „Gott sei Dank."

Nun dürfen die Israeliten gehen.
Sie ziehen zum Meer.
Doch der Pharao hat ein hartes Herz.
Er befiehlt seinen Soldaten:
„Los! Holt die Sklaven zurück!"
Bald sehen die Israeliten die Soldaten.
Sie haben große Angst.

Da kommen Stürme aus Feuer und Wind.
Die Soldaten können nicht weiter.
Mose hört Gottes Stimme:
„Halte deinen Stab über das Meer."
Das Wasser teilt sich und
die Israeliten fliehen durch das Meer.

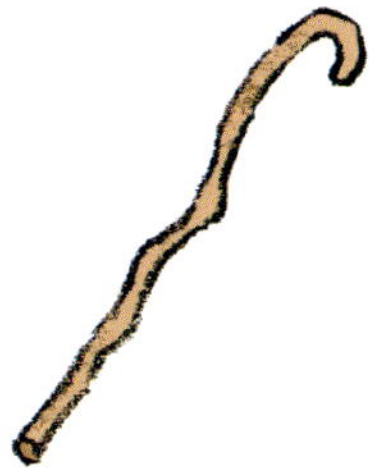

Feuer und Wind verschwinden.
„Los! Hinterher!", brüllen die Ägypter.
Doch das Wasser kommt wieder
und sie versinken in der Flut.

Die Israeliten staunen.
„Gott sei Dank!", rufen sie.
„Wir sind gerettet", jubeln sie und tanzen.
Mirjam nimmt ihre Pauke und singt:

Vorbei ist die Not!
Gerettet hat uns Gott!
Wir danken ihm so sehr!
Gelobt sei der Herr!

2 Mose / Exodus 1–15

Die Israeliten erzählen, wie Gott sie durch die Wüste führt

Die Israeliten ziehen durch trockenes Land.
Bald haben sie Hunger und Durst.
Laut klagen sie:
„Warum hast du uns aus Ägypten geholt?
Sollen wir hier sterben?“

Dann finden sie Nahrung und Wasser.
Und sie sagen: „Gott sei Dank.“

So kommen sie zum Berg Sinai.°
Mose steigt auf den Berg.
Dort hört er Gottes Stimme:
„Ich gebe euch meine Gebote.*
Sie sollen euch wie Wegweiser
für euer Leben sein.“

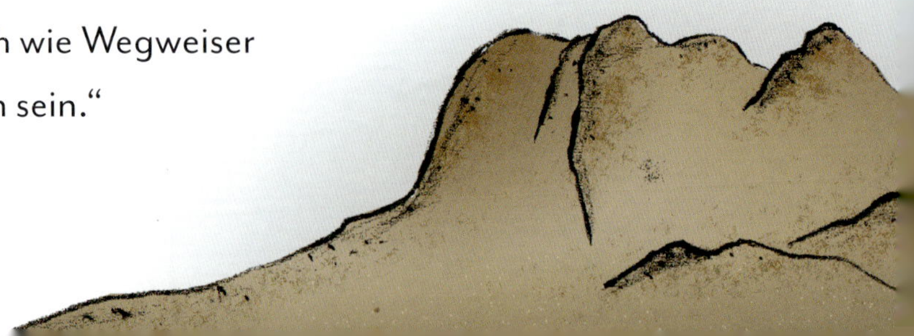

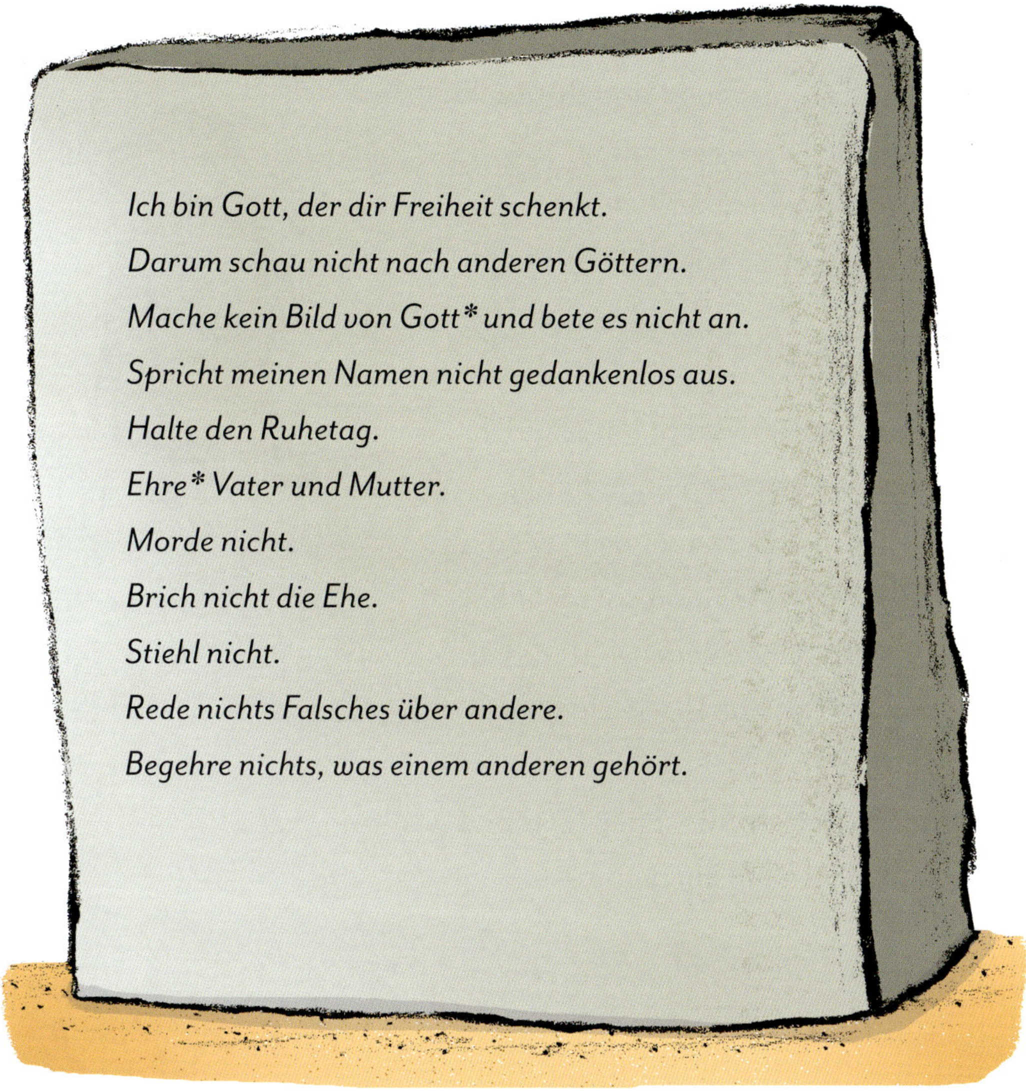
Ich bin Gott, der dir Freiheit schenkt.
Darum schau nicht nach anderen Göttern.
Mache kein Bild von Gott* und bete es nicht an.
Spricht meinen Namen nicht gedankenlos aus.
Halte den Ruhetag.
Ehre* Vater und Mutter.
Morde nicht.
Brich nicht die Ehe.
Stiehl nicht.
Rede nichts Falsches über andere.
Begehre nichts, was einem anderen gehört.

Die Israeliten erzählen: Das Volk tanzt um den goldenen Stier

Mose bringt den Israeliten die Gebote.
Auf Tafeln aus Stein sind sie geschrieben.
Die Israeliten wissen nun:
So sollen wir miteinander umgehen.
So wünscht sich Gott die Welt.

Bald geht Mose wieder auf den Berg.
Die Israeliten warten lange auf ihn.
Doch einige sagen ungeduldig:
„Der kommt bestimmt nicht wieder!
Sein Gott kann uns nicht mehr helfen.
Lasst uns einen neuen Gott machen.
Er soll Kraft haben wie ein Stier."

So machen sie sich einen Stier aus Gold
und tanzen um ihn herum.

Mose kommt und sieht,
was das Volk tut.
Zornig zerstört er den Stier.
Die Israeliten schämen sich.
Mose sagt: „Ich bitte Gott um Vergebung."

Vierzig Jahre sind die Israeliten unterwegs.
„Das ist unsere Schuld", sagen sie traurig.
Dann endlich erreichen sie das Land Israel.

2 Mose / Exodus 16 – 32

Rut

Die Israeliten erzählen, wie Rut mit Noomi geht

Eine Familie aus Israel° zieht nach Moab.°
Es sind Noomi, ihr Mann und ihre Söhne.
Die Söhne heiraten Frauen des Landes.
Eine davon ist Rut.
Doch bald sterben der Mann und die Söhne.
Noomi ist ganz allein und traurig.
Sie will nach Israel zurück.
Rut sagt: „Du musst nicht allein gehen.
Wo du hingehst, gehe auch ich hin.
Dein Gott ist mein Gott."
Noomi freut sich. Sie nimmt Rut in den Arm.
Aber sie weiß: In Israel ist Rut eine Fremde.

Die Frauen gehen den weiten Weg nach Israel.
Sie kommen nach Bethlehem.°
Dort haben sie nichts zu essen.
Rut sammelt Getreide
auf einem abgeernteten Feld.
Das darf man in Israel,
wenn man arm ist.

Das Feld gehört Boas.
Er ist mit Noomi verwandt.
Boas verliebt sich in Rut
und will sie zur Frau.

Boas muss einen Verwandten
um Erlaubnis fragen.
Dann können die beiden heiraten.

Noomi darf bei ihnen wohnen.
Rut und Boas bekommen einen Sohn.
Er ist der Großvater von König David.

Rut 1–4

David: Hirte und König

Die Israeliten erzählen: Gott macht den kleinen David groß

Der Prophet* Samuel hört Gottes Stimme.
„Gehe nach Bethlehem° zur Familie Isais.
Dort findest du den König,
den ich für mein Volk möchte."

Samuel geht nach Bethlehem.
Er lässt alle Söhne Isais kommen.
Erst beim kleinen David spürt Samuel:
Das Kind wird König sein.
So salbt* er ihn.

Die Israeliten erzählen von David und Goliat

Die Philister sind mächtige Feinde.
Sie kommen mit einem Heer.
Einer von ihnen ist Goliat, ein Riese.
Er stellt sich vor die Soldaten und ruft:
„Wer will mit mir kämpfen?"
Die Israeliten fürchten sich.
Nur der kleine David hat Mut.
„Gott hilft mir", sagt er sich.

David ruft Goliat zu:
„Ich kämpfe mit dir.“
Der Riese sieht den Kleinen und lacht.
David hat nur eine Steinschleuder.
Goliat aber hat einen Speer und ein Schwert.

David nimmt einen Stein.
Den schleudert er dem Riesen an den Kopf.
Goliat fällt tot um.

Voller Angst laufen die Philister davon.
Die Israeliten jubeln:
„Der Kleine hat den Großen besiegt!
Gott sei Dank.“

1 Sam 16–17

Die Israeliten erzählen von David, Saul und Jonatan

König Saul holt David an seinen Hof.
Alle mögen David. Auch Jonatan, Sauls Sohn.
Er wird Davids bester Freund.

Nun ist der König eifersüchtig.
Er will David töten.
Aber Jonatan warnt seinen Freund.
So kann er fliehen.

Saul jagt David mit seinen Soldaten.
David versteckt sich in einer Höhle.
Zufällig geht der König dort hinein.
Doch David verschont* sein Leben.
Nun verfolgt Saul ihn nicht mehr.

Später sterben Saul und Jonathan
im Kampf gegen die Philister.
David trauert um die beiden.
Dann wird David König von Israel.

1 Sam 18 – 2 Sam 5

David singt und dichtet Psalmen*

David ist König.
Er spielt gut Harfe und dichtet Lieder.
Eines davon lautet:

Gott ist wie ein Hirte.
Er sorgt für uns.
Er führt uns und er schützt uns.
Auch wenn es dunkel ist
und wir uns fürchten,
ist er immer bei uns.
Er tröstet uns
und steht uns bei.
So will ich ihm
treu sein
mein Leben lang.

nach Psalm 23

Jona

Die Israeliten erzählen: Gott kann jedem vergeben.

Jona ist ein Bauer in Israel.
Eines Tages hört er eine Stimme:
„Gehe in die mächtige Stadt Ninive!°
Sage den Leuten dort:
Wenn ihr weiter Unrecht tut,
wird es euch schlecht ergehen."
Jona spürt: Gott ruft ihn.
Aber er will nicht hören und läuft weg.

Mit einem Schiff
will er bis ans Ende der Welt.
Doch auf dem Meer kommt ein Sturm.
Das Schiff wird hin- und hergeschleudert.
Alle auf dem Schiff schreien vor Angst.
„Hilfe! Wir werden sterben!"

Jona weiß: Den Sturm hat Gott geschickt.
„Werft mich ins Meer", sagt er.
„Dann hört der Sturm auf."

So geschieht es.

Jona geht nicht unter.
Ein großer Fisch verschluckt ihn.
Drei Tage sitzt Jona im Bauch des Fisches.

Er denkt über alles nach und sagt:
„Du hast mein Leben verschont!*
Dir, Gott, sei Dank!“
Da bringt ihn der Fisch ans Ufer.

Nun geht Jona nach Ninive.
Dort ruft er den Leuten zu:
„Gott sagt: Ändert euer Leben!
Sonst ergeht es euch schlecht.“

Die Menschen hören auf Gott.
Sie denken über sich nach.
Sie ändern ihr Leben.
So geschieht ihnen nichts.

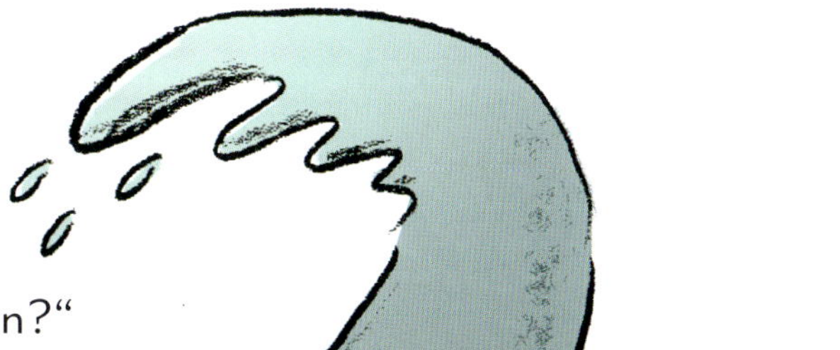

Jona versteht das nicht.
Zornig ruft er zu Gott:
„Sollen die ohne Strafe davonkommen?“

Jona setzt sich vor die Stadt.
Die Sonne brennt auf seinen Kopf.
Jona will nicht mehr leben.
Da wächst eine Pflanze,
die ihm Schatten gibt.

Doch ein Wurm nagt an der Wurzel
und die Pflanze geht ein.
Jetzt ist Jona noch zorniger.

Wieder hört er Gottes Stimme:
„So wertvoll war dir diese Pflanze?
Sollen mir die Menschen nicht
noch viel wertvoller sein?
Menschen können sich ändern.
Und ich kann ihnen vergeben.“

Jona 1–4

Geschichten von Gottes Sohn Jesus

Vor 2000 Jahren lebte Jesus.
Viel Gutes hat er gesagt und getan.
Doch wurde er gekreuzigt* wie ein Verbrecher.

Seine Freunde waren traurig.
Doch dann fassten sie neuen Mut.
„Gott hat Jesus auferweckt",* sagten sie. „Er lebt!"

Die Freunde erzählten anderen von Jesus.
Sie gaben ihm viele Namen:
Lehrer, Retter, Gottes Sohn, Christus.*

Matthäus, Markus, Lukas und Johannes
schrieben Geschichten von Jesus auf.
Apostel* brachten sie in die ganze Welt.
Diese Geschichten sind in der Bibel gesammelt.
Die wichtigsten findest du hier.

Lies selbst ...

Advent

Lukas erzählt von der Botschaft des Engels an Zacharias

„Fürchte dich nicht“,
sagt der Engel*
zu Zacharias.
„Du wirst einen Sohn bekommen.
Johannes soll er heißen.
Er wird dem Retter der Welt* vorangehen.“

Zacharias dient als Priester* im Tempel.
„Das glaube ich nicht“, sagt er.
„Meine Frau und ich sind viel zu alt.“
Da wird er stumm.

Zu Hause erwartet ihn seine Frau Elisabeth.
„Zacharias: Wir bekommen ein Kind!“

Es geschieht: Der Junge wird geboren.
Zacharias kann immer noch nicht sprechen.
So schreibt er: „Johannes soll er heißen.“
Da kann er wieder sprechen.
Er berichtet allen, was der Engel
über den Jungen gesagt hat.

Lukas erzählt von der Botschaft des Engels an Maria

„Fürchte dich nicht“,
sagt der Engel* zu Maria.
„Du wirst einen Sohn bekommen.
Jesus soll er heißen.
Er wird der Retter der Welt* sein.“

Maria ist verwirrt.
Sie will Josef heiraten,
den Handwerker aus Nazareth.°

Der Engel sagt zu ihr:
„Das Kind kommt von Gott.“
Da fasst Maria Mut und sagt:
„Wenn Gott es will,
soll es so sein.“

Weihnachten

Lukas erzählt von der Krippe, von Engeln und Hirten

Kaiser* Augustus herrscht über
ein großes Reich, auch über Israel.
Er befiehlt:
„Jeder geht in seinen Geburtsort!
Dort trägt er sich in eine Liste ein.“
Josef stammt aus Bethlehem.°
Das ist weit weg von Nazareth.°
Maria bekommt bald das Kind.
Doch sie geht mit Josef.

Endlich kommen sie in Bethlehem an.
Maria und Josef gehen zur Herberge.*
Aber es ist kein Zimmer frei.
So schlafen sie bei den Tieren.
Nachts wird das Kind geboren.
Weil kein Bett da ist,
wird es in eine Krippe* gelegt.

Vor Bethlehem lagern Hirten.
Plötzlich wird es hell.
„Fürchtet euch nicht!“, sagt ein Engel.
„Euer Retter* wurde heute geboren.
Es ist ein Kind in einer Krippe.“

Weitere Engel kommen und singen:
„Ehre sei Gott in der Höhe.
Für alle wird es Frieden geben.“
Die Hirten suchen das Kind.
Sie finden es in Bethlehem.

Die Hirten erzählen allen:
„Dieses Kind wird uns
den Frieden bringen.
Das haben uns Engel gesagt.“

„Gott sei Dank!“, sagen die Hirten.
Voller Freude gehen sie
zu ihrer Herde zurück.

Lukas 2

Matthäus erzählt von den Weisen, die einem Stern folgen

„Ein neuer Stern!“, rufen weise* Männer.
Sie kennen sich mit Sternen aus.
„Das ist ein Königsstern.
In Israel° gibt es einen neuen König.“
So ziehen sie dorthin
und suchen den neuen König.

Das hört der alte König Herodes.
Wütend ruft er: „Ich bin hier der König!“
Er lässt die Männer zu sich bringen
und denkt sich eine List aus.
„Berichtet mir, wo das Kind ist.
Ich will ihm Geschenke bringen.“
In Wahrheit aber will er es töten lassen.

Die weisen Männer folgen dem Stern.
In Bethlehem finden sie das Kind.
Sie bringen Geschenke für einen König:
Gold, Weihrauch* und Myrrhe.*

Die weisen Männer wollen wieder heim.
Sie denken an König Herodes.
Sollen sie ihm von dem Kind berichten?
Sie trauen dem König nicht.
So nehmen sie einen anderen Weg
in ihre Heimat.

Matthäus 2

Kindheit und Taufe Jesu

Lukas erzählt: Jesus kennt Gott schon als Kind

„Auf zum Passafest* nach Jerusalem!“,°
sagen Maria und Josef zu Jesus.
Er ist gerade zwölf Jahre alt.

Auf dem Weg nach Hause ist Jesus
plötzlich verschwunden.
Die Eltern gehen den ganzen Weg zurück.
Sie finden Jesus im Tempel.*
Er spricht gerade mit den Schriftgelehrten.*
Die sagen: „Der Junge gefällt uns.
Er kennt die Heiligen Schriften!“*

Maria sagt: „Du hast uns Sorgen gemacht.“
„Warum denn?“, fragt Jesus.
„Ich bin im Haus meines Vaters.“
Maria wundert sich über ihren Sohn.

Lukas 2

Markus erzählt von der Taufe Jesu

Viele Jahre sind vergangen.
Jesus ist erwachsen.

Johannes lebt am Fluss Jordan.°
Er ruft den Menschen zu:
„Bereut eure Fehler!
Ändert euer Leben!
Dann wird Gott euch vergeben."

Als Zeichen der Vergebung
tauft* er Menschen im Fluss Jordan.
Auch Jesus geht zu ihm
und lässt sich taufen.

Da fliegt eine Taube vom Himmel
und man hört eine Stimme sagen:
„Du bist mein Sohn!"

Von nun an geht Jesus umher
und erzählt von Gottes neuer Welt.*

Markus 1

Worte und Taten Jesu

Lukas erzählt: Jesus sucht sich Freunde

Am See Genezareth° lebt Simon.
Er ist Fischer.
Jesus kommt zu ihm
und sagt:
„Fahre zum See hinaus und
wirf dein Netz aus."

Traurig sagt Simon:
„Letzte Nacht haben wir
keinen einzigen Fisch gefangen."
Doch Simon hört auf Jesus.
Nun gehen viele Fische ins Netz.

Jesus sagt zu Simon: „Lass die Fische.

Die Menschen brauchen dich. Komm mit mir!“

Simon bleibt bei Jesus.

Jesus nennt ihn später Petrus. Das heißt „Fels“.

Zwölf Freunde gehen mit Jesus.

Sie heißen Jünger,*

weil sie von ihm lernen.

Auch Frauen begleiten Jesus.

Lukas 5–8

Und das sind die Namen der Jünger:

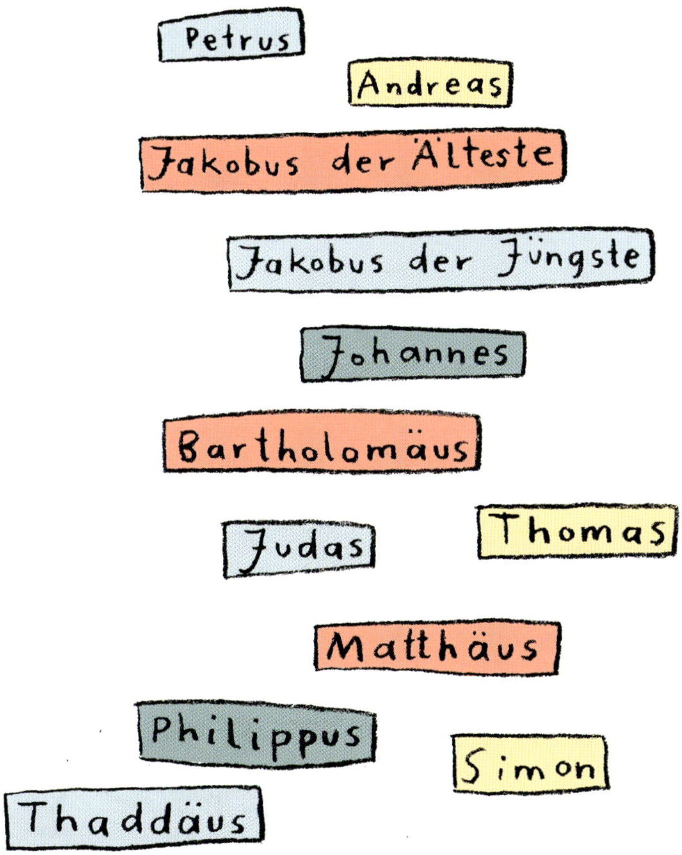

Markus erzählt: Die Kleinen sind ein Vorbild

„Seht, da kommt Jesus!“, rufen die Frauen.
Sie bringen ihre Kinder zu ihm.
Jesus soll sie segnen.*
Aber die Jünger sagen:
„Lasst Jesus in Ruhe!“
Sie wollen die Kinder wegschicken.

Das sieht Jesus und ruft ärgerlich:
„Lasst sofort die Kleinen zu mir!
Für Gott sind sie groß!
Sie sollen euch ein Vorbild sein.
Werdet wie sie!“

Jesus umarmt die Kinder.
Er legt ihnen die Hände auf
und segnet sie.

Markus 10

Markus erzählt, wie Jesus am Ruhetag* Gutes tut

„Was machen deine Jünger* da?“,
sagen Schriftgelehrte* empört zu Jesus.
„Sie arbeiten am Ruhetag.*
Das ist aber nicht erlaubt.“

Die Jünger haben Ähren gepflückt
und essen ihre Körner.
„Sie haben Hunger“, antwortet Jesus.
„Soll es uns am Ruhetag nicht gut gehen?“

Da kommt ein Mann
mit einer kranken Hand.

Jesus fragt:
„Soll man am Ruhetag nicht Gutes tun?“
Keiner sagt etwas.
Da heilt er die Hand des Mannes.

Nicht jedem gefällt das ...

Markus 2–3

Lukas erzählt: Jesus freut sich über Zachäus

In Jericho° lebt Zachäus.
Keiner mag ihn, denn er ist Zöllner.*
Und er betrügt die Leute.

Jesus kommt. Alle wollen ihn sehen.
Zachäus ist klein.
Daher steigt er auf einen Baum.

Alle rufen nach Jesus.
Doch er sieht nur zu Zachäus.
Er sagt: „Zachäus!
Ich möchte heute dein Gast sein."
Die Leute ärgern sich und rufen:
„Was soll das!
Der betrügt uns
und dient den Römern.*
Wie kann Jesus nur zu so einem gehen?"

Aber Zachäus freut sich.

Jesus ist bei Zachäus.
Auf einmal sagt der Zöllner:
„Ich will mein Leben ändern!
Den Betrogenen gebe ich alles zurück.
Und ich will mich um die Armen kümmern."

Da lacht Jesus ihn an und sagt:
„Heute ist ein guter Tag für dich
und deine Familie.
Gott vergibt dir."

Lukas 19

Die Bergpredigt

Matthäus berichtet, was Jesus über das Leben sagt

Auf einem Berg spricht Jesus zu den Menschen:

„Freut euch, ihr Armen,
ihr Hungrigen und ihr Traurigen.
Gott wird euch beistehen."

„Ihr alle sollt im Leben
wie Salz und Licht sein.
Salz würzt das Essen.
Licht braucht man zum Leben."

„Liebt eure Feinde.
Tut denen Gutes, die euch Unrecht tun."

„Verurteilt andere nicht.
Seht zuerst auf eure eigenen Fehler."

„Behandelt andere immer so,
wie auch ihr behandelt werden wollt."

Matthäus 5–7

Das Vaterunser

Matthäus erzählt vom Beten

Wenn Jesus zu Gott betet,
sagt er in seiner Sprache „Abba“.
Das bedeutet „Papa“.
Und er sagt den Menschen:
„Gott ist wie ein guter Vater.“

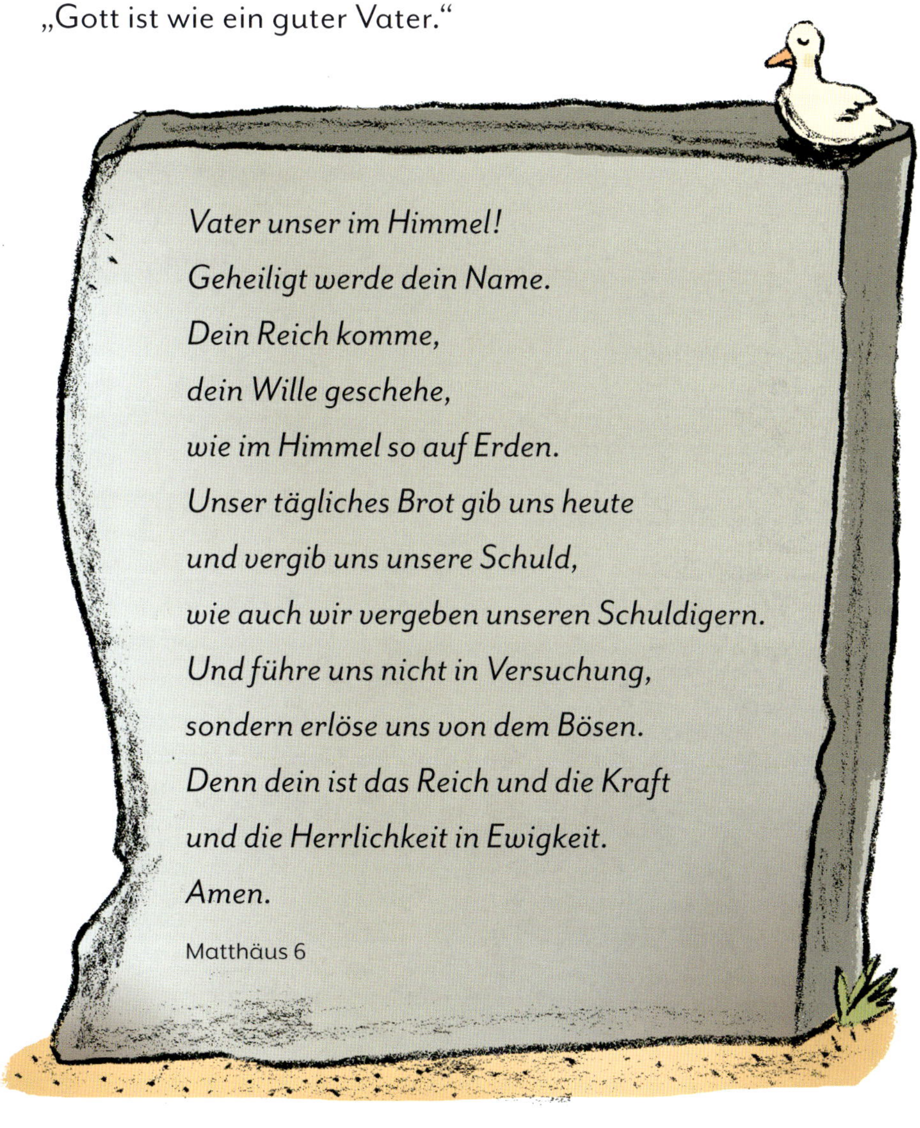

Vater unser im Himmel!
Geheiligt werde dein Name.
Dein Reich komme,
dein Wille geschehe,
wie im Himmel so auf Erden.
Unser tägliches Brot gib uns heute
und vergib uns unsere Schuld,
wie auch wir vergeben unseren Schuldigern.
Und führe uns nicht in Versuchung,
sondern erlöse uns von dem Bösen.
Denn dein ist das Reich und die Kraft
und die Herrlichkeit in Ewigkeit.
Amen.

Matthäus 6

Gleichnisse

Das Gleichnis vom barmherzigen Samariter

Das wichtigste Gebot für Jesus ist:
„Liebe Gott
und deinen Nächsten
wie dich selbst.“

Ein Mann fragt Jesus:
„Wer ist denn mein Nächster?“
Jesus erzählt:

Auf dem Weg von Jerusalem° nach Jericho°
wird ein Mann überfallen.
Schwer verletzt liegt er am Weg.

Ein Priester* geht an ihm vorbei.
Auch ein Tempeldiener*
kümmert sich nicht um ihn.

Dann kommt ein Mann aus Samaria.*
Der Fremde hält an und
versorgt den Verletzten.
Er bringt ihn in eine Herberge.*
Dem Wirt gibt er Geld und sagt:
„Sorge für ihn,
bis er gesund ist.
Wenn du mehr Geld brauchst,
will ich es dir bezahlen.“

Jesus fragt den Mann:
„Wer ist hier der Nächste?“
Da sagt er: „Der Mann aus Samaria.“
„Du hast recht“, sagt Jesus.
„Handle so wie dieser Mann.“

Lukas 10

Das Gleichnis vom Senfkorn

Jesus trifft Menschen,
die ungeduldig sind.
„Wann kommt denn endlich
Gottes neue Welt?"*

Denen antwortet Jesus:
„Das ist wie mit einem Senfkorn.
Man muss warten, bis es wächst.

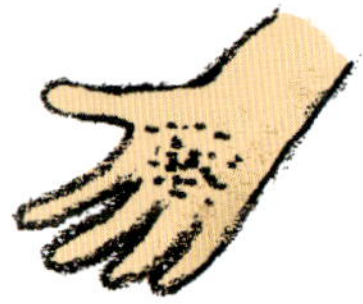

Das Senfkorn ist das kleinste Samenkorn.
Aber wenn ihr es aussät,
wächst es zu einem riesigen Busch.
Vögel können darin ausruhen
und finden in ihm Schutz."

Markus 4

Das Gleichnis vom verlorenen Schaf

„Da fehlt doch ein Schaf!“,
sagt der Hirte.
Hundert Schafe hat er in seiner Herde.
Nun geht er los
und sucht das verlorene.
Nach langer Suche findet er es.
Er hebt es auf seine Schulter
und bringt es nach Hause.
Dann feiert er ein Fest und ruft:
„Freut euch alle mit mir!
Mein Schaf war verloren!
Aber es ist wieder bei mir!“

Lukas 15

Das Gleichnis vom gütigen Vater

Ein Mensch hat zwei Söhne.
Der Jüngere sagt zum Vater:
„Gib mir heute schon,
was ich einmal erben* werde.
Ich will fort von hier."
Der Vater gibt ihm Geld.

Der Sohn geht in ein fernes Land.
Schnell gibt er alles Geld aus.
Ohne Geld ist er allein.
Er hat Hunger.
Einer lässt ihn Schweine hüten.
Doch nicht einmal Schweinefutter
bekommt er zu essen.

Da sagt der Sohn zu sich:
„Den Dienern zu Hause geht es gut.
Ob mein Vater mir vergibt?
Vielleicht darf ich ihm dienen."
So geht er nach Hause.

Von Weitem schon sieht ihn der Vater.
„Das ist doch mein Sohn!“,
ruft er und läuft ihm entgegen.
Herzlich umarmt er ihn.
Dann ruft er seinen Dienern zu:
„Bringt ihm Kleider und einen Ring.*
Lasst uns ein Fest feiern.“

Da kommt der ältere Bruder.
Den ganzen Tag hat er gearbeitet.
„Was ist denn hier los?“,
fragt er einen Diener.
„Dein Bruder ist wieder da.
Wir feiern ein Fest.“

Der Bruder geht zum Vater.
„Für mich hast du nie so ein Fest gefeiert.
Das ist ungerecht.“
Aber der Vater sagt zu ihm:
„Freu dich! Dein Bruder war verloren.
Jetzt ist er wieder bei uns!“

Lukas 15

Das Gleichnis von den Arbeitern im Weinberg

Jesus erzählt: „Gottes Gerechtigkeit
ist anders, als wir denken.“

Am Morgen geht ein Weinbergbesitzer
zum Marktplatz.
Er holt Helfer für die Ernte.
Jedem verspricht er ein Silberstück.*
Die Männer sind einverstanden.

Am Mittag und am Nachmittag
holt er noch mehr Helfer und sagt:
„Ihr bekommt einen gerechten Lohn.“

Kurz vor dem Abend
geht er noch einmal auf den Markt.
Da stehen Männer, die keine Arbeit
gefunden haben.
„Kommt in meinen Weinberg“,
sagt er. „Ihr bekommt gerechten Lohn.“

Am Abend ruft der Weinbergbesitzer
alle Arbeiter zusammen.
Die Letzten bekommen ein Silberstück.
Auch den Ersten gibt er eins.
„Was soll das!", rufen die Ersten.
„Den ganzen Tag haben wir
in der Sonne geschuftet.
Jetzt gibst du uns so viel wie denen?
Die haben nur eine Stunde gearbeitet!
Ist das vielleicht gerecht?"

„Wollt ihr mir sagen, was gerecht ist?",
sagt der Weinbergbesitzer.
„Ich habe euch ein Silberstück versprochen.
Das habt ihr bekommen.
Wollt ihr mir vorwerfen,
dass ich großzügig bin?"

Matthäus 20

Wunder – Zeichen für Gottes Liebe

Markus erzählt: Jesus heilt einen Ausgestoßenen

„Geh weg! Komm uns nicht zu nah!"
Das hört der Ausgestoßene überall.
Sogar sein Dorf schickt ihn weg.
Er hat Aussatz.*

Jesus kommt.
Der Ausgestoßene fleht ihn an:
„Bitte heile mich."
Jesus hat Mitleid und heilt ihn.
Dann sagt er: „Gehe in dein Dorf
und zeige dich den Leuten."
Der Mann geht froh nach Hause.
Überall erzählt er:
„Jesus hat mich geheilt."

Alle wundern sich.

Markus 1

Markus erzählt, wie Jesus den blinden Bartimäus heilt

In Jericho° warten viele auf Jesus.
Auch der blinde Bettler Bartimäus.
So laut er kann, ruft er:
„Hilf mir, Jesus! Hilf mir!“
„Sei ruhig“, sagen die Leute.

Doch Bartimäus gibt keine Ruhe.
Jesus lässt ihn zu sich bringen.
„Was kann ich für dich tun?“
Bartimäus antwortet:
„Ich will sehen können.“

Da sagt Jesus: „Du hast Vertrauen.
Das hilft dir.“
Bartimäus macht die Augen auf.
Er kann wieder sehen.
Seine Augen strahlen.
Fröhlich geht Bartimäus mit Jesus.

Alle wundern sich.

Markus 10

Markus erzählt: Jesus steht im Sturm bei

Jesus und seine Jünger
steigen in ein Boot.
Jesus legt sich schlafen.

Mitten auf dem See kommt ein Sturm.
Er wird immer stärker.
Immer höher steigen die Wellen.
Voller Angst rufen die Jünger:
„Hilf uns, Jesus!
Sonst werden wir ertrinken."

Jesus wacht auf.
„Sei ruhig!", ruft er dem Sturm zu.
Der Sturm legt sich.

Dann schaut Jesus seine Jünger an.
„Warum fürchtet ihr euch?
Ich bin doch für euch da."

Alle wundern sich.

Markus 4

Matthäus erzählt: Jesus stillt den großen Hunger

Fünftausend Menschen sind bei Jesus.
Bis zum Abend hören sie ihm zu.
Dann haben sie Hunger.

„Wir haben nur fünf Brote
und zwei Fische“, sagen die Jünger.
„Das reicht nicht für alle.“

Jesus dankt Gott
und bricht das Brot.
Zu den Jüngern sagt er:
„Teilt das Essen aus.“

Die Jünger tun, was er sagt.
Die vielen Menschen essen davon
und werden satt.
Es bleibt noch eine Menge übrig.

Alle wundern sich.

Matthäus 6

Passion

Markus, Matthäus, Lukas und Johannes erzählen:

Jesus wird wie ein König empfangen

Jesus schickt seine Jünger in ein Dorf.
Sie sollen einen Esel holen.
Auf ihm reitet Jesus
zum Passafest* nach Jerusalem.°

Die Menschen warten schon auf Jesus.
Sie freuen sich und rufen:
„Jesus ist da! Gott sei Dank!
Er ist unser König!"
Palmzweige und Kleider
legen sie auf seinen Weg.

Markus erzählt: Jesus will in Ruhe beten

Am Passafest* ist im Tempel* viel los.
Händler haben Tische aufgebaut.
Laut preisen sie ihre Waren an.

Jesus geht in den Tempel.
Doch der Lärm stört ihn.

„Dies ist das Haus Gottes", ruft er zornig.
„Hier soll man in Ruhe beten können."
Dann wirft er die Tische um
und vertreibt die Händler.

Nicht jedem gefällt das ...

Markus 11

Markus erzählt: Jesus feiert das letzte Abendmahl

Abends essen die Freunde miteinander.
Jesus teilt das Brot unter ihnen
und reicht den Wein herum.
Dann sagt er:
„Brot und Wein
sollen euch an mich erinnern.
Bald werde ich sterben.
Einer von euch wird mich verraten."

Da sind die Jünger* verwirrt.

Markus 14

Johannes erzählt: Jesus wäscht seinen Jüngern die Füße

Nach dem Essen holt Jesus
eine Schüssel mit Wasser.
„Setzt euch!", sagt er den Jüngern.
„Ich will eure Füße waschen."

Die Jünger wundern sich.
Petrus ruft: „Herr, was soll das?"
Jesus antwortet:
„Ich wasche euch die Füße,
weil ihr meine Freunde seid.
Bald bin ich nicht mehr da.

So wie ich euch jetzt diene,
sollt ihr füreinander da sein."

Johannes 13

Markus erzählt: Jesus nimmt Abschied

Nachts gehen sie in den Garten Gethsemane.
Jesus sagt zu seinen Jüngern:
„Bleibt bei mir! Ich möchte beten."
Doch die Jünger schlafen ein.
Jesus betet: „Vater im Himmel.
Stehe mir bei.
Dein Wille geschehe."

Markus 14

Markus, Matthäus, Lukas und Johannes erzählen: Jesus wird verraten* und verurteilt

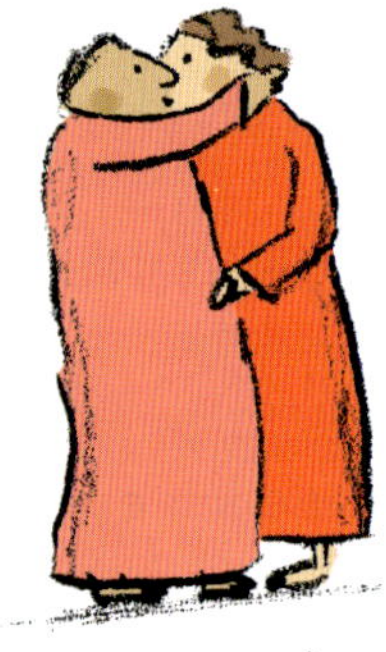

Soldaten suchen Jesus.
Der Jünger* Judas führt sie in den Garten.
Er gibt Jesus einen Kuss.
So erkennen ihn die Soldaten.
Jesus wird gefangen genommen
und zum Haus des Hohepriesters* gebracht.

Petrus folgt ihnen.
Im Hof setzt er sich ans Feuer.
„Bist du nicht ein Freund von Jesus?“,
fragen die Leute dreimal.
Dreimal sagt Petrus:
„Den kenne ich nicht!“

Plötzlich kräht ein Hahn.
Petrus erinnert sich.
Jesus hat es ihm vorhergesagt:
„Bevor der Hahn kräht,
hast du mich dreimal verleugnet.“*
Da schämt er sich und weint.

Jesus wird zum Hohepriester* gebracht.
Der fragt ihn aus. Aber Jesus schweigt.
Dann fragt er:
„Bist du Christus*, Gottes Sohn?“*
„Ich bin es“, antwortet Jesus.
Wütend rufen die Leute:
„Hört ihr? Damit beleidigt er Gott!“

Dann bringen ihn die Soldaten zu Pilatus.
Er spricht für den Kaiser.*
Nur er darf Menschen zum Tode verurteilen.
Pilatus verhört Jesus.
Draußen rufen die Leute:
„Jesus soll sterben!“
Da verurteilt ihn Pilatus zum Tode.

Markus, Matthäus, Lukas und Johannes erzählen von Jesu Kreuzigung und Tod

Soldaten bringen Jesus vor die Stadt.
Dort schlagen sie ihn an ein Kreuz.*
Sie würfeln, wer seine Kleider bekommt.
Über Jesus hängt ein Schild:
„Jesus von Nazareth, König der Juden".*

Plötzlich wird es dunkel.
Jesus ruft zu Gott und stirbt.
Frauen weinen laut um ihn.

Ein Hauptmann erkennt:
„Dieser Mensch war wirklich
Gottes Sohn."*

Freunde kaufen ein Grab für Jesus.
Ein großer Rollstein* schließt den Eingang.

Ostern

Markus erzählt: Jesus ist auferstanden

Am dritten Tag*
gehen Frauen zum Grab.
Sie wollen um Jesus trauern.
Doch das Grab ist offen!

Die Frauen sehen darin einen Mann
mit einem weißem Gewand.
„Fürchtet euch nicht!“, sagt er.
„Gott hat Jesus vom Tod befreit.
Er ist auferstanden.* Er lebt!
Geht zu seinen Freunden
und sagt es ihnen.“

Die Frauen gehen zurück.
Doch die Jünger glauben ihnen nicht.

Markus 16

Lukas erzählt: Der auferstandene Jesus tröstet die Jünger

Zwei Jünger* gehen nach Emmaus.°
Unterwegs treffen sie einen Fremden.
Der fragt: „Warum seid ihr traurig?"
„Unser Freund Jesus ist gestorben."
Der Fremde tröstet die beiden.

„Bleibst du heute Abend bei uns?",
fragen ihn die Jünger.
Der Fremde geht mit ihnen.
Sie essen miteinander.

Der Fremde spricht ein Gebet
und bricht das Brot wie Jesus.
Auf einmal sind sie sich sicher:
Das ist Jesus, der Auferstandene.*

Da ist er auch schon verschwunden.
Sie laufen nach Jerusalem° zurück.
Aufgeregt ruft sie ihren Freunden zu:
„Jesus ist auferstanden.* Er lebt!
Wir haben ihn gesehen."
Da kommt Jesus und
zeigt sich allen Jüngern.

Lukas 24

Himmelfahrt

Matthäus erzählt: Jesus gibt uns einen Auftrag

Vierzig Tage bleibt Jesus bei seinen Jüngern.
Dann sagt er:
„Erzählt allen Menschen von Gottes neuer Welt.*
Und tauft* sie. So gehören sie zu mir.
Ich bin immer für euch da."

Matthäus 28

Lukas erzählt: Jesus geht zum Vater im Himmel

Die Jünger* hören, was Jesus verspricht:
„Geht nach Jerusalem!
Gottes Geist* wird zu euch kommen.
Er wird euch Mut machen."

Dann ist Jesus verschwunden.
Die Jünger sehen zwei Männer in weißen Gewändern.
„Jesus ist bei seinem Vater im Himmel",*
sagen sie. „Fürchtet euch nicht."

Lukas 24 / Apostelgeschichte 1

Pfingsten

Lukas erzählt vom Heiligen Geist

Fünfzig Tage sind vergangen.
In Jerusalem wird das Pfingstfest* gefeiert.
Menschen aus vielen Ländern kommen.

Ängstlich bleiben die Freunde Jesu im Haus.
Plötzlich braust ein kräftiger Wind.
Sie sehen Feuer über sich.
Alle spüren: Gottes Geist* ist da.

Mutig gehen sie aus dem Haus
mitten unter die Leute.
Petrus ruft: „Jesus ist auferstanden.*
Gott ist stärker als der Tod.
Er wird die Welt neu machen."

Alle wundern sich.
Sie sprechen verschiedene Sprachen.
Aber Petrus verstehen sie alle.

Nur einige schütteln den Kopf.
„Die sind ja betrunken!", rufen sie.
Die meisten sind begeistert.
Sie loben Gott und seinen Sohn,*
Jesus Christus.*
Sie werden Christen.*

Apostelgeschichte 1–2

Apostel

Lukas erzählt: Philippus tauft einen Afrikaner

Philippus ist ein Apostel.*
Auf einer Straße sieht er einen Wagen.
Darin sitzt ein Afrikaner,
der Schatzmeister* seiner Königin.
Er liest eine Heilige Schrift.*

„Verstehst du, was du liest?“, fragt Philippus.
Der Afrikaner schüttelt den Kopf.

Philippus erklärt:
„Hier geht es um Jesus Christus.“*
Er erzählt, was Jesus sagte und tat.

„Das klingt gut“, sagt der Afrikaner.
„Kann ich Christ* werden?“

Philippus tauft* ihn.
Und fröhlich zieht der Afrikaner weiter ...

Apostelgeschichte 8

Lukas erzählt: Paulus trägt die gute Nachricht in die Welt

Paulus will nichts von Jesus wissen.
Er macht Jagd auf die Christen.*

Unterwegs nach Damaskus°
blendet ihn ein grelles Licht.
Er hört eine Stimme:
„Warum bist du mein Feind?"
Paulus fragt: „Wer spricht da?"
„Ich bin es, Jesus!"

Paulus kann nicht mehr sehen.
Ein Christ* sorgt für ihn,
obwohl er doch sein Feind ist.
Da versteht Paulus:
Der neue Glaube kommt von Gott.
Nun kann er wieder sehen.

Von nun an reist Paulus umher.
Überall erzählt er von Jesus Christus*
und von Gottes neuer Welt.*

Apostelgeschichte 9

Offenbarung

Der Seher Johannes träumt von Gottes neuer Welt

Gottes neue Welt* ist wie eine Stadt,
aus Gold und Edelsteinen gemacht.

Gott selbst wohnt dort,
mitten unter den Menschen.

Leid und Schmerz und Trauer
wird es nicht mehr geben.

Alle Tränen werden abgewischt.
Der Tod hat keine Macht mehr.

In Gottes neuer Welt ist es so schön
wie einst im Paradies.

Offenbarung 21–22

Schwere Wörter

Amme: Eine Frau, die anderen Kindern von ihrer Muttermilch gibt.

Apostel: Sie werden von Gott geschickt („Post“). Apostel erzählen überall von Jesus und von Gottes neuer Welt.

Arche: Das Wort bedeutet „Kasten“.

Auferstehung, auferstehen, der Auferstandene, auferweckt: Gott hat Jesus das Leben wiedergegeben. Er ließ ihn auferstehen. Christen hoffen: Gott lässt auch sie auferstehen.

Aussatz: Schlimme und ansteckende Hautkrankheit.

Bild von Gott: Damit sind Standbilder gemeint. Die Menschen beteten sie damals als Götter an.

Christen: Das sind Menschen, die glauben, dass Jesus Gottes Sohn* ist, der Retter*, der Christus.*

Christus: Das ist griechisch und heißt „Gesalbter“; siehe „salben“.

Dritter Tag: Damit ist der Ostersonntag gemeint.

ehren: „Die Eltern ehren“ bedeutet, dass man sie versorgt, wenn sie alt sind. Damals gab es keine Rente.

Engel: Das sind Boten Gottes, die zu den Menschen kommen. Die Bibel beschreibt ihr Aussehen nicht.

Erbe: Der Vater gab damals dem ältesten Sohn seinen Segen.* Damit war er der Erbe. Er bekam nach dem Tod des Vaters das Land und hatte in der Familie das Sagen. Jüngere Kinder bekamen etwas Geld.

Erstgeborener: Der älteste Junge in der Familie. Er bekommt den Segen* und das Erbe* des Vaters.

Gebote: Das sind Wegweiser Gottes. Sie zeigen, was Gott möchte und wie man miteinander auskommt.

Geist Gottes, Heiliger Geist: Er ist die Verbindung zwischen Gott und den Menschen. Durch ihn kann Gott uns Mut machen. Er sorgt dafür, dass sich Menschen verstehen.

Geschöpf: Juden und Christen glauben, dass Gott als Schöpfer die Welt und alle Lebewesen in ihr geschaffen hat. Die Lebewesen heißen darum „Geschöpfe“.

Gottes neue Welt: Gott möchte eine Welt, in der es allen Menschen gut geht. In ihr gibt es kein Leid und kein Unrecht.

Gottes Sohn: Das ist ein Name für Jesus. Er zeigt: Jesus steht Gott ganz nahe.

Halleluja: Das ist ein Ausruf. Er bedeutet: „Lobt Gott".

Heiliger Geist: siehe „Geist Gottes".

Heilige Schrift: z.B. die Bücher Mose und die Prophetenbücher und die Psalmen.

Herberge: Eine Unterkunft für Menschen und Tiere.

Hohepriester: Er spricht für die Priester des Tempels von Jerusalem.

Jesus: Sein Name bedeutet: „Gott hilft".

Jünger: Sie gehen mit Jesus. Jünger bedeutet eigentlich „Schüler". Sie lernen also von Jesus.

Juden: Sie stammen von Jakob ab. Einer seiner Söhne hieß Juda. Später wurden alle Israeliten so genannt. Auch Jesus war ein Jude. Heute heißt so eine große Religion.

Kaiser: So heißt der Herrscher des Römischen Reiches. Der Name kommt von Caesar.

Kanaan: So hieß das Land, in das die Israeliten einwanderten.

Kreuz / Kreuzigung: So straften die Römer schlimme Verbrecher. Sie schlugen sie mit Nägeln an ein Kreuz und ließen sie vor den Augen der Menschen sterben.

Krippe: Das ist ein Kasten für Tierfutter.

Mundschenk: Am Hof eines Königs ist er für die Getränke zuständig.

Myrrhe: Ein gut riechendes Harz, das heilen kann.

Nomaden: Sie leben nicht an einem festen Ort, sondern ziehen mit ihren Herden von Weide zu Weide.

Opfer / opfern: Man verbrannte früher Getreide, Fleisch oder Weihrauch, um sich bei Gott zu bedanken.

Passa / Passafest: Jedes Frühjahr feiern Juden die Befreiung aus Ägypten. Früher zogen sie nach Jerusalem und feierten dort das Fest.

Pfingstfest: Ein Fest, das Juden* 50 Tage nach dem Passafest* feiern. Christen* feiern zu Pfingsten den Heiligen Geist* und die Anfänge der Kirche.

Pharao: Titel des Königs von Ägypten.

Plage: Seuchen oder Naturkatastrophen wurden als von Gott geschickte Plagen gesehen.

Psalmen: Lieder der Bibel.

preisen: Gott loben und ihm danken.

Priester: Ein Priester dient Gott im Tempel in Jerusalem.

Prophet: Er bringt den Menschen eine Botschaft von Gott und erinnert an Gottes Gebote.

Retter (der Welt): Einer, der in der Not hilft. Die Juden* zur Zeit Jesu warteten auf einen Retter.

Ring: Gemeint ist ein Siegelring. Er ist ein Zeichen für Macht.

Römer: Sie beherrschten vor 2000 Jahren viele Länder. Ihre Soldaten unterdrückten deren Einwohner.

Rollstein: Gräber waren damals in Felsen gehauen. Ein großer Stein wurde vor den Eingang gerollt.

Ruhetag: Am Anfang ruhte Gott am siebten Tag. Deshalb sollen die Menschen am Ruhetag nicht arbeiten.

salben, Salböl: Wenn einer König wird, streicht man ihm mit einem gut riechenden Öl über den Kopf. Ein König heißt daher „Gesalbter". Auf Griechisch heißt das „Christus". Für Christen ist Jesus wie ein König.

Samaria / Samariter: Ein Volk, das in Israel nicht gut angesehen war. Sie galten als Feinde.

Schatzmeister: Er kümmert sich um das Geld eines Herrschers oder Landes.

Schriftgelehrter: Er weiß, was in der Heiligen Schrift* steht, und denkt darüber nach, was es bedeutet.

Segen / segnen: Im Segen verspricht Gott, dass er bei den Menschen ist. Wenn jemand segnet, gibt er Gottes Nähe an andere weiter. Wenn ein Vater seinen Segen gibt, bekommt der Sohn sein Erbe.*

Silberstück: So viel brauchte damals eine Familie am Tag zum Leben.

Sklave: Damals wurden Menschen verkauft. Ein Sklave hatte keine Rechte.

Taufe, taufen: Durch die Taufe mit Wasser wird ein Mensch in die Gemeinschaft mit Jesus Christus aufgenommen.

Tempel: In dem Haus Gottes wurde Gott verehrt. Hier wurden Feste, wie das Passafest*, gefeiert. Nur Juden* durften dort hinein. Der Tempel stand in Jerusalem. Die Römer* zerstörten ihn.

Tempeldiener: Im Tempel* in Jerusalem machten sie einfache Arbeiten.

Übeltäter: Ein Mensch, der etwas Falsches und Schlimmes getan hat

verleugnen: Wenn man jemanden kennt und sagt: „Ich kenne ihn nicht", dann verleugnet man ihn.

verschonen (das Leben): Das heißt: etwas heil lassen, obwohl man es zerstören kann.

Verwalter: Er sorgt für die Vorräte im Haus oder in einem Land.

Weihrauch: Das ist ein Harz. Es riecht gut, wenn es auf glühende Holzkohle gelegt wird.

weise: Weise ist jemand, der gut überlegt und auch so handelt.

Zöllner: Sie nehmen Abgaben für die Herrscher. Meist stehen sie am Eingang eines Ortes. Sie sind nicht beliebt.

Inhalt

Genehmigte Sonderausgabe für Verlagsgruppe Weltbild GmbH.

ISBN 978-3-8289-6259-0

Printed in Germany.
Satz: André Göhlich, Leipzig
Druck und Bindung: Memminger MedienCentrum, Memmingen

Gedruckt auf alterungsbeständigem Papier.

ZYPERN
MITTELMEER
ÄGYPTEN